Impressum
Verlag: BABADADA GmbH, Nedderfeld 112 , 22529 Hamburg
Geschäftsführer / Verlagsleitung: Harald Hof
Druck: Books on Demand GmbH, In de Tarpen 42, 22848 Norderstedt

Imprint
Publisher: BABADADA GmbH, Nedderfeld 112 , 22529 Hamburg, Germany
Managing Director / Publishing direction: Harald Hof
Print: Books on Demand GmbH, In de Tarpen 42, 22848 Norderstedt

escuela

koulu

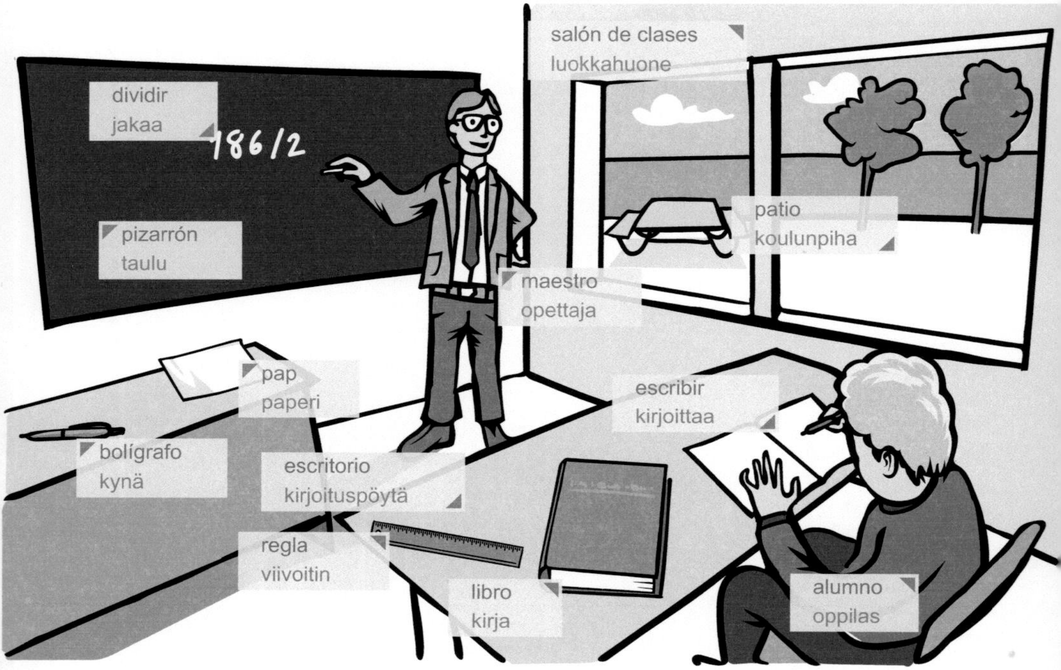
salón de clases
luokkahuone
dividir
jakaa
186/2
pizarrón
taulu
patio
koulunpiha
maestro
opettaja
pap
paperi
escribir
kirjoittaa
bolígrafo
kynä
escritorio
kirjoituspöytä
regla
viivoitin
libro
kirja
alumno
oppilas

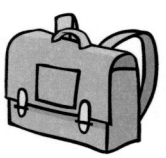

mochila

reppu

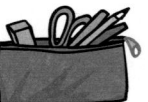

caja de lápices

penaali

lápiz

lyijykynä

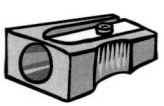

sacapuntas

kynänteroitin

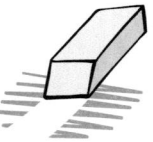

goma de borrar

pyyhekumi

bloc de dibujo

piirustuslehtiö

dibujo
piirustus

pincel
pensseli

caja de lápices de color
vesivärit

tijeras
sakset

pegamento
liima

libro de ejercicios
harjoituskirja

tarea
kotitehtävä

número
luku

sumar
lisätä

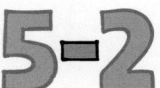

restar
vähentää

multiplicar
kertoa

calcular
laskea

letra
kirjain

alfabeto
aakkoset

palabra
sana

texto

teksti

leer

lukea

tiza

liitu

lección

oppitunti

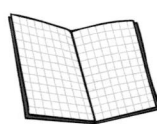

cuaderno de clase

opettajan muistikirja

examen

koe

certificado

todistus

uniforme

koulupuku

educación

koulutus

enciclopedia

sanakirja

universidad

yliopisto

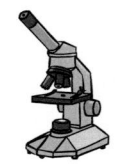

microscopio

mikroskooppi

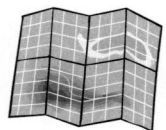

mapa

kartta

bote de basura

roskakori

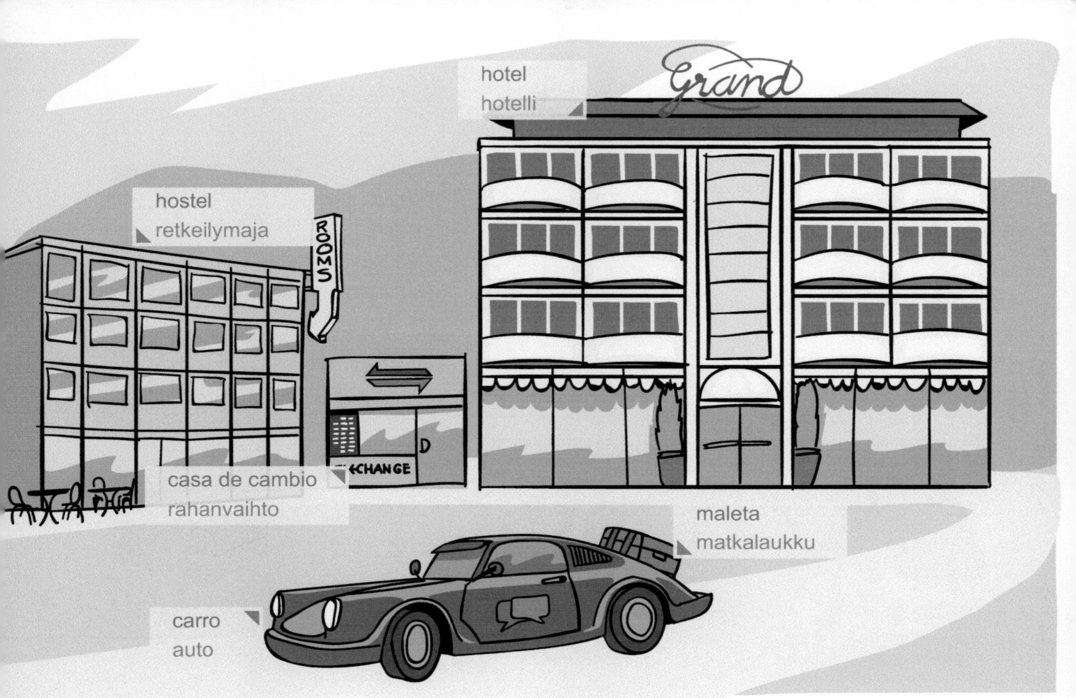

hotel
hotelli
Grand
hostel
retkeilymaja
ROOMS
casa de cambio
rahanvaihto
EXCHANGE
maleta
matkalaukku
carro
auto

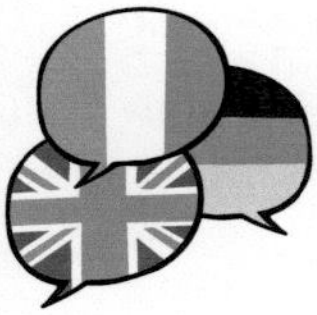

idioma

kieli

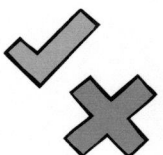

sí / no

kyllä / ei

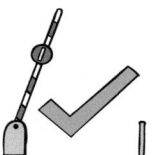

Órale

selvä

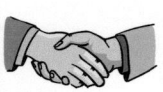

hola

hei

traductor

tulkki

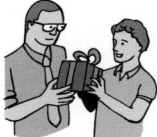

Gracias

kiitos

¿cuánto cuesta…?

Paljonko...maksaa?

No entiendo

en ymmärrä

problema

ongelma

¡Buenas tardes!

Hyvää iltaa!

¡Buenos días!

Hyvää huomenta!

¡Buenas noches!

Hyvää yötä!

adiós

näkemiin

dirección

suunta

equipaje

matkatavarat

bolsa

laukku

mochila

reppu

invitado

vieras

recámara

huone

bolsa de dormir

makuupussi

tienda de campaña

teltta

información turística

turisti-info

playa

ranta

tarjeta de crédito

luottokortti

desayuno

aamupala

almuerzo

lounas

cena

päivällinen

billete

matkalippu

ascensor

hissi

sello

postimerkki

frontera

raja

aduana

tulli

embajada

suurlähetystö

visa

viisumi

pasaporte

passi

transporte
kuljetus

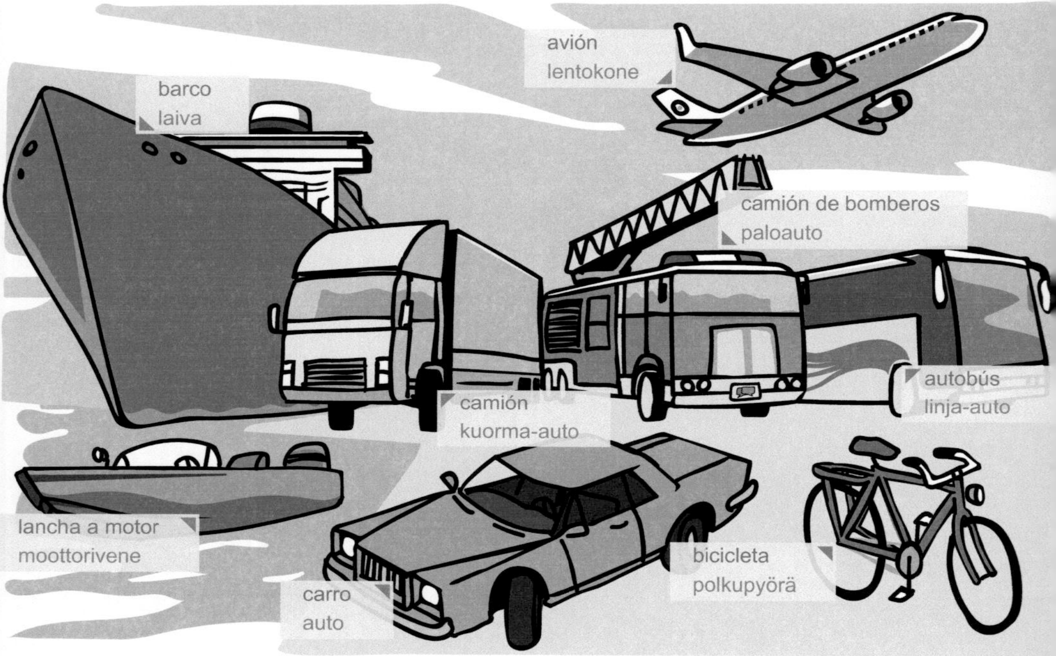
avión
lentokone
barco
laiva
camión de bomberos
paloauto
autobús
linja-auto
camión
kuorma-auto
lancha a motor
moottorivene
bicicleta
polkupyörä
carro
auto

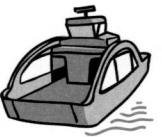

ferry

lautta

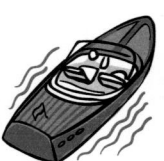

bote

vene

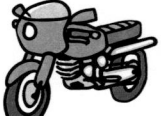

motocicleta

moottoripyörä

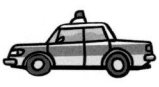

patrulla

poliisiauto

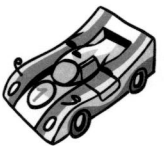

coche de carreras

kilpa-auto

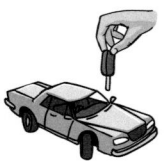

auto para rentar

vuokra-auto

renta de autos

car sharing

grúa

hinausauto

camión recolector de basura

roska-auto

motor

moottori

gasolina

polttoaine

gasolinera

huoltoasema

señal de tráfico

liikennemerkki

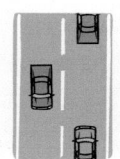

tránsito

liikenne

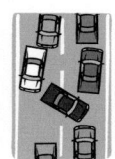

embotellamiento

ruuhka

aparcamiento

parkkipaikka

estación de tren

rautatieasema

vías

raiteet

tren

juna

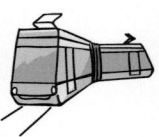

tranvía

raitiovaunu

vagón

vaunu

helicóptero

helikopteri

aeropuerto

lentokenttä

torre

lähilennonjohto

pasajero

matkustaja

contenedor

kontti

caja de cartón

pahvilaatikko

carretilla

kärryt

cesta

kori

despegar / aterrizar

nousta / laskea

ciudad
kaupunki

pueblo

kylä

centro de ciudad

keskusta

casa

talo

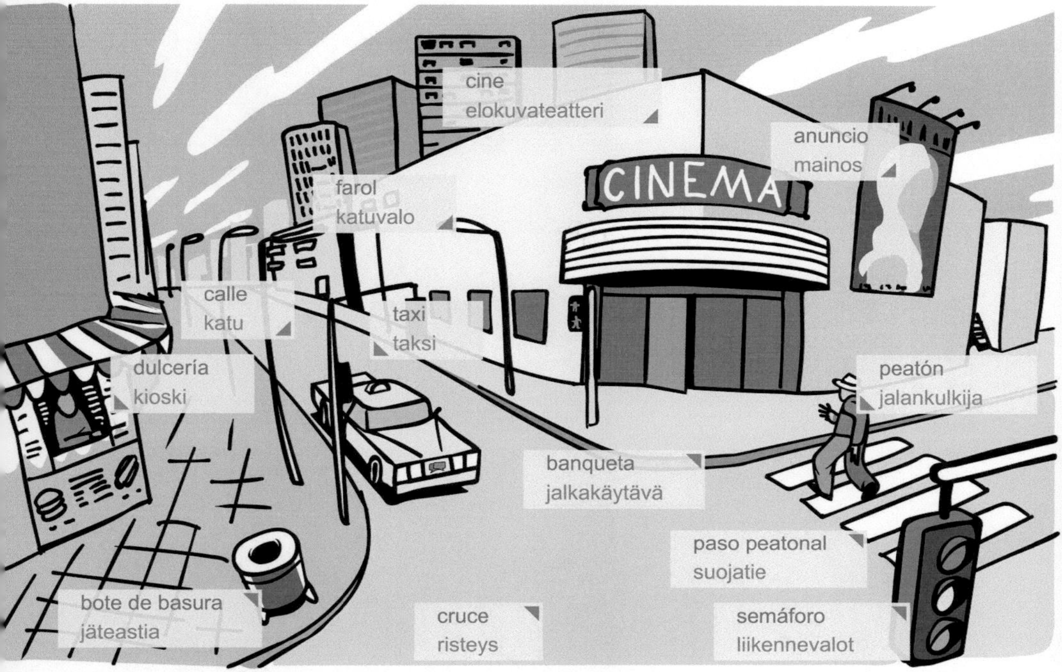

cine
elokuvateatteri

anuncio
mainos

farol
katuvalo

calle
katu

taxi
taksi

dulcería
kioski

peatón
jalankulkija

banqueta
jalkakäytävä

paso peatonal
suojatie

bote de basura
jäteastia

cruce
risteys

semáforo
liikennevalot

CINEMA

cabaña

mökki

apartamento

kerrostalo

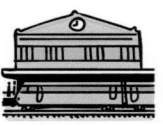

estación de tren

rautatieasema

ayuntamiento

kaupungintalo

museo

museo

escuela

koulu

universidad

yliopisto

banco

pankki

hospital

sairaala

hotel

hotelli

farmacia

apteekki

oficina

toimisto

librería

kirjakauppa

tienda

liike

florería

kukkakauppa

supermercado

supermarketti

mercado

tori

grandes tiendas

tavaratalo

pescadería

kalakauppias

centro comercial

ostoskeskus

puerto

satama

parque

puisto

banco

penkki

puente

silta

escaleras

portaat

metro

metro

túnel

tunneli

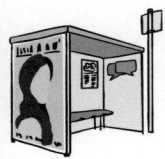

parada de autobús

linja-autopysäkki

bar

baari

restaurante

ravintola

buzón

postilaatikko

letrero

katukyltti

parquímetro

parkkimittari

zoológico

eläintarha

alberca

uimala

mezquita

moskeija

granja

maatila

contaminación

ympäristön saastuminen

cementerio

hautausmaa

iglesia

kirkko

área de niños

leikkikenttä

templo

temppeli

paisaje
maisema

hoja
lehti

señal
tienviitta

camino
tie

pradera
niitty

piedra
kivi

caminante
retkeilijä

árbol
puu

río
joki

pasto
ruoho

flor
kukka

valle

laakso

montaña

vuori

lago

järvi

bosque

metsä

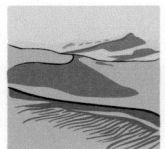

desierto

aavikko

volcán

tulivuori

castillo

linna

arco iris

sateenkaari

champiñón

sieni

palmera

palmu

mosquito

hyttynen

mosca

kärpänen

hormiga

muurahainen

abeja

mehiläinen

araña

hämähäkki

escarabajo

kovakuoriainen

rana

sammakko

ardilla

orava

erizo

siili

liebre

jänis

lechuza

pöllö

pájaro

lintu

cisne

joutsen

jabalí

villisika

ciervo

peura

alce

hirvi

embalse

pato

turbina eólica

tuulimylly

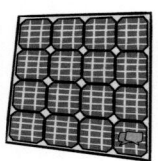

pansolar

aurinkopaneeli

clima

ilmasto

camarero
tarjoilija

menú
ruokalista

silla
tuoli

sopa
keitto

pizza
pitsa

cubiertos
ruokailuvälineet

mantel
pöytäliina

entrada
alkuruoka

plato fuerte
pääruoka

postre
jälkiruoka

bebidas
juomat

comida
ruoka

botella
pullo

comida rápida

pikaruoka

comida de calle

katuruoka

tetera

teekannu

azucarera

sokeriastia

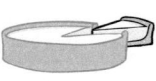

porción

annos

cafetera espresso

espressokeitin

periquera

syöttötuoli

cuenta

lasku

charola

tarjotin

cuchillo

veitsi

tenedor

haarukka

cuchara

lusikka

cuchara de té

teelusikka

servilleta

servietti

vaso

lasi

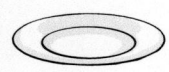

plato

lautanen

plato hondo

syvä lautanen

plato

aluslautanen

salsa

kastike

salero

suolasirotin

molino para pimienta

pippurimylly

vinagre

etikka

aceite

öljy

especias

mausteet

kétchup

ketsuppi

mostaza

sinappi

mayonesa

majoneesi

supermercado

supermarketti

oferta especial
tarjous
FOR
cliente
asiakas
productos lácteos
maitotuotteet
fruta
hedelmät
carrito para compras
ostoskärryt

BUTCHERS

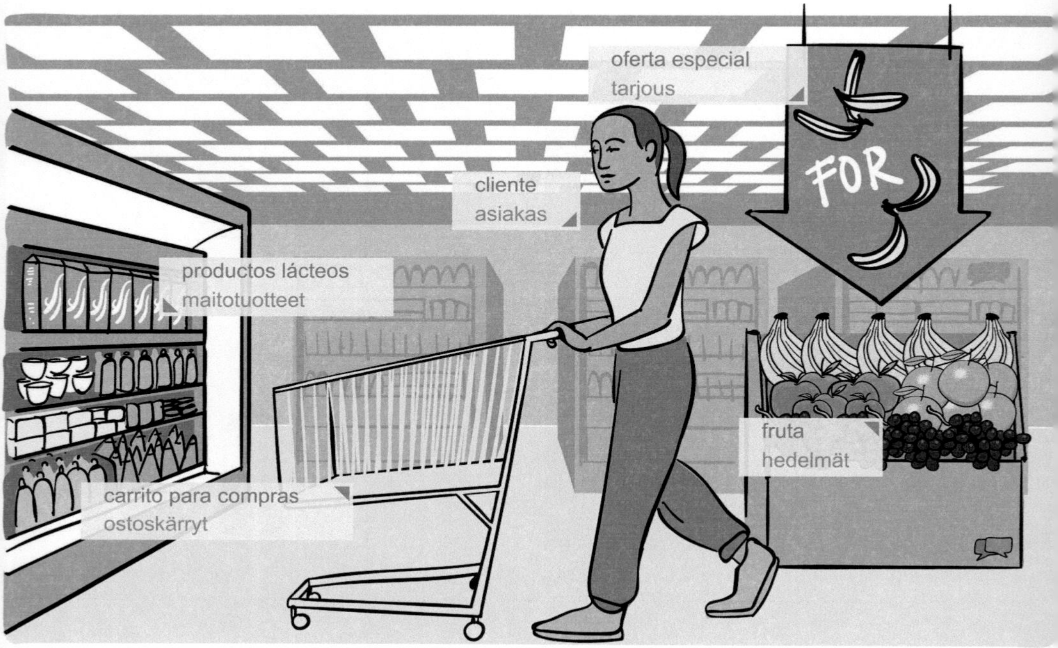

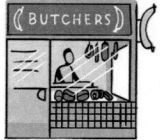

carnicería

teurastamo

BAKERY

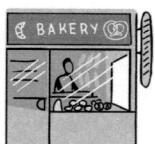

panadería

leipomo

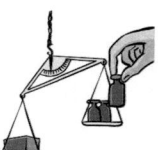

pesar

punnita

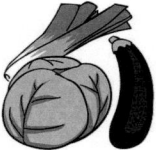

vegetales

kasvikset

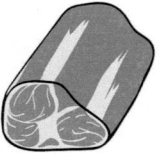

carne

liha

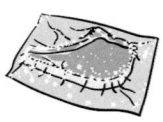

alimentos congelados

pakasteet

carnes frías

leikkele

alimentos enlatados

säilykkeet

detergente en polvo

pesujauhe

dulces

makeiset

electrodomésticos

kotitaloustarvikkeet

productos de limpieza

puhdistusaineet

vendedora

myyjä

caja

kassa

cajero

kassanhoitaja

lista de compras

ostoslista

horario de atención al público

aukioloajat

cartera

lompakko

tarjeta de crédito

luottokortti

bolsa

kassi

bolsa de plástico

muovipussi

agua

vesi

jugo

mehu

leche

maito

refresco de cola

kokis

vino

viini

cerveza

olut

alcohol

alkoholi

cacao

kaakao

té

tee

café

kahvi

espresso

espresso

cappuccino

cappuccino

plátano

banaani

manzana

omena

naranja

appelsiini

melón

meloni

limón

sitruuna

zanahoria

porkkana

ajo

valkosipuli

bambú

bambu

cebolla

sipuli

champiñón

sieni

nueces

pähkinät

fideos

spagetti

espaguetis

spagetti

arroz

riisi

ensalada

salaatti

patatas fritas

ranskalaiset

patatas fritas

paistetut perunat

pizza

pitsa

hamburguesa

hampurilainen

emparedado

voileipä

filete

leike

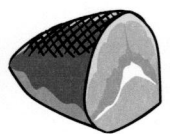

jamón

kinkku

salami

salami

salchicha

makkara

pollo

kana

asado

paisti

pescado

kala

copos de avena

kaurahiutaleet

muesli

mysli

copos de maíz

murot

harina

jauho

cuernito

voisarvi

bolillo

sämpylä

pan

leipä

tostada

paahtoleipä

galletas

keksit

mantequilla

voi

cuajada

rahka

pastel

kakku

huevo

kananmuna

huevo frito

paistettu kananmuna

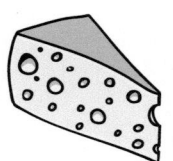

queso

juusto

helado

jäätelö

azúcar

sokeri

miel

hunaja

mermelada

hillo

crema de chocolate

suklaapähkinälevite

curry

curry

granja
maatila

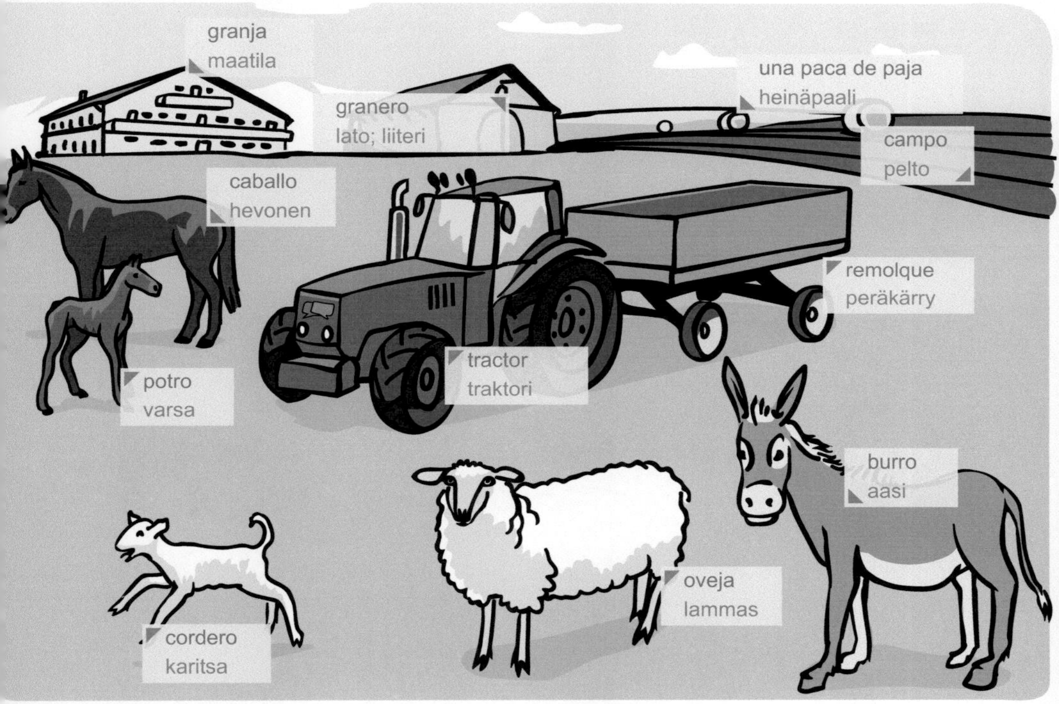
granja
maatila
granero
lato; liiteri
una paca de paja
heinäpaali
campo
pelto
caballo
hevonen
remolque
peräkärry
tractor
traktori
potro
varsa
burro
aasi
oveja
lammas
cordero
karitsa

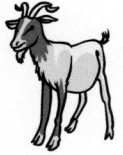

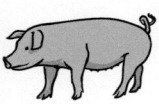

cabra
vuohi

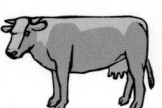

vaca
lehmä

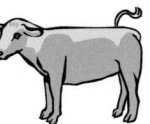

ternero
vasikka

cerdo
sika

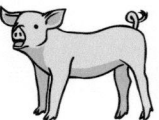

lechón
porsas

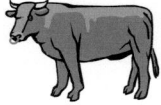

toro
sonni

ganso

hanhi

pato

ankka

pollo

tipu

gallina

kana

gallo

kukko

rata

rotta

gato

kissa

ratón

hiiri

buey

härkä

perro

koira

casa dperro

koirankoppi

manguera

puutarhaletku

regadera

kastelukannu

guadaña

viikate

arado

aura

hoz

sirppi

azadón

kuokka

horquilla

talikko

hacha

kirves

carretilla

kottikärryt

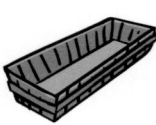

bebedero

kaukalo

bote de leche

maitokannu

saco

säkki

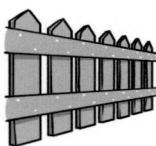

valla

aita

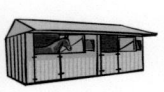

establo

talli

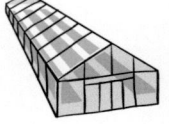

invernadero

kasvihuone

suelo

maa

semilla

siemen

fertilizador

lannoite

cosechadora

leikkuupuimuri

cosechar

kerätä sato

cosecha

sato

camote

jamssit

trigo

vehnä

soja

soija

patata

peruna

maíz

maissi

semilde colza

rypsi

árbol frutal

hedelmäpuu

mandioca

maniokki

cereales

vilja

casa
talo

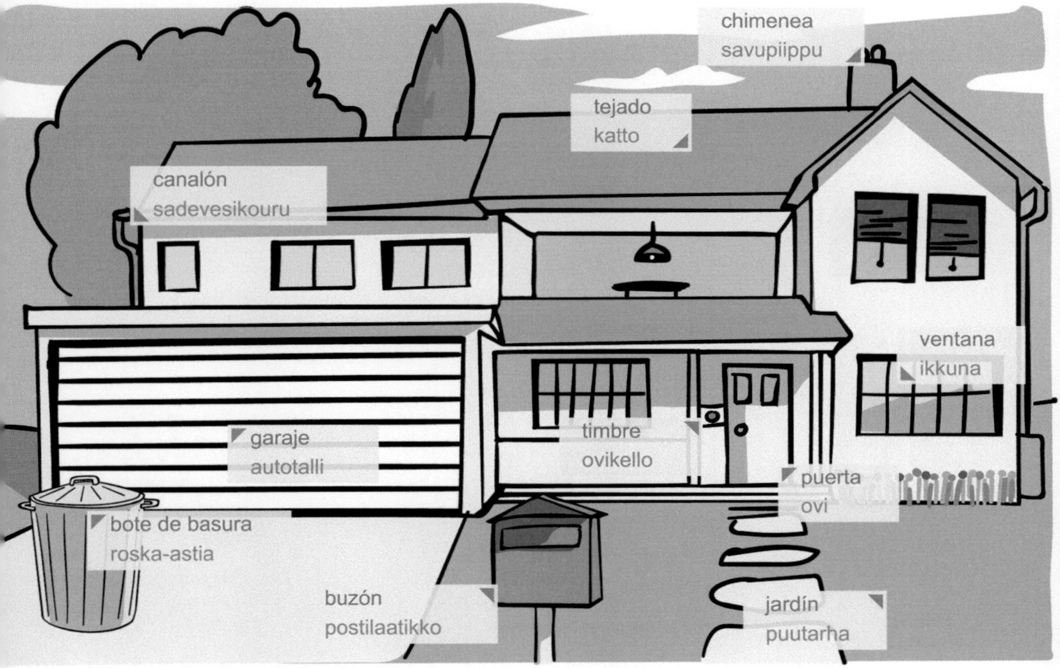
chimenea
savupiippu
tejado
katto
canalón
sadevesikouru
ventana
ikkuna
garaje
autotalli
timbre
ovikello
puerta
ovi
bote de basura
roska-astia
buzón
postilaatikko
jardín
puutarha

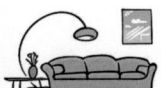

estancia

olohuone

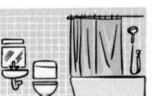

baño

kylpyhuone

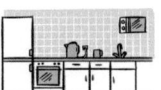

cocina

keittiö

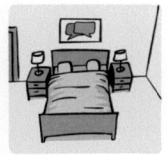

recámara

makuuhuone

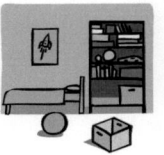

recámara de los niños

lastenhuone

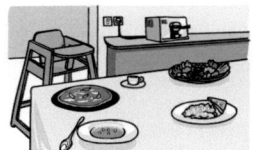

comedor

ruokahuone

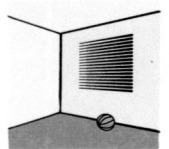

suelo

lattia

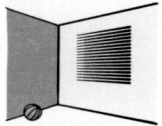

pared

seinä

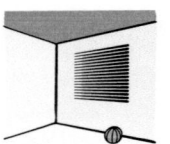

techo

katto

sótano

kellari

sauna

sauna

balcón

parveke

terraza

terassi

alberca

uima-allas

cortacésped

ruohonleikkuri

sábana

lakana

colcha

päiväpeitto

cama

sänky

escoba

harja

balde

ämpäri

interruptor

katkaisin

estancia
olohuone

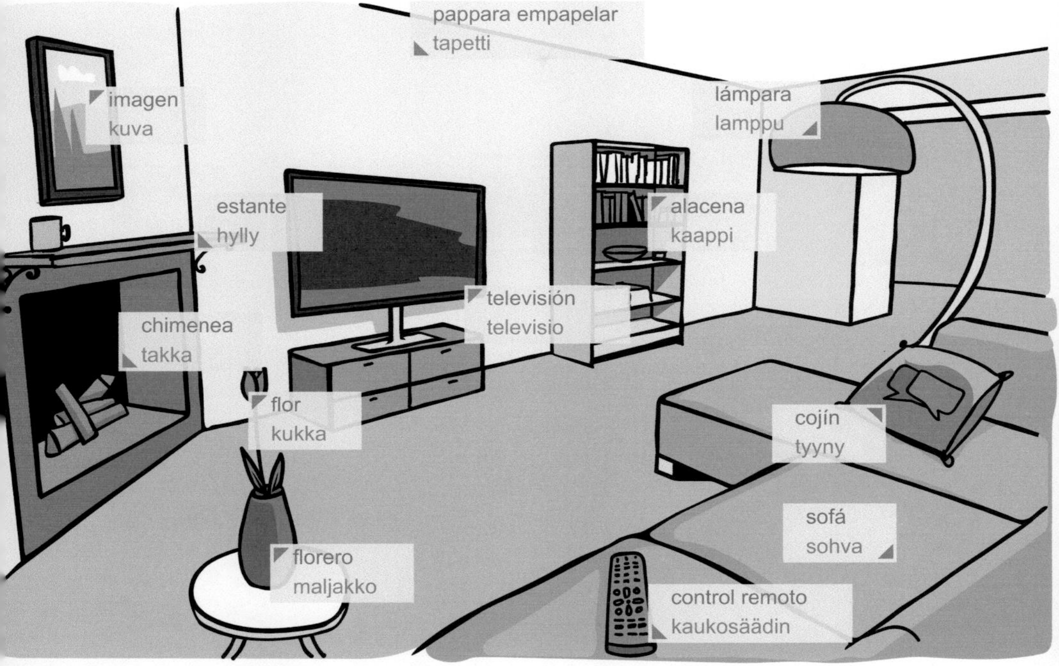
pappara empapelar
tapetti
imagen
kuva
lámpara
lamppu
estante
hylly
alacena
kaappi
televisión
televisio
chimenea
takka
flor
kukka
cojín
tyyny
sofá
sohva
florero
maljakko
control remoto
kaukosäädin

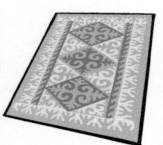

alfombra

matto

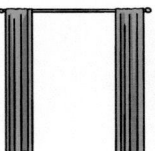

cortina

verho

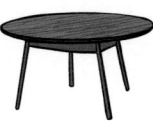

mesa

pöytä

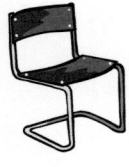

silla

tuoli

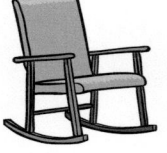

mecedora

keinutuoli

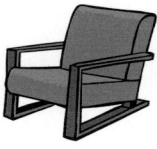

sillón

nojatuoli

libro

kirja

frazada

peitto

decoración

koriste

leña

polttopuut

película

elokuva

equipo de música

stereot

llave

avain

periódico

sanomalehti

pintura

maalaus

póster

juliste

radio

radio

cuaderno

muistivihko

aspiradora

pölynimuri

cactus

kaktus

vela

kynttilä

cocina
keittiö

refrigerador
jääkaappi
microondas
mikroaaltouuni
báscude cocina
keittiövaaka
tostadora
leivänpaahdin
detergente
pesuaine
horno
leivinuuni
congelador
pakastinlokero
bote de basura
roska-astia
lavavajillas
astianpesukone

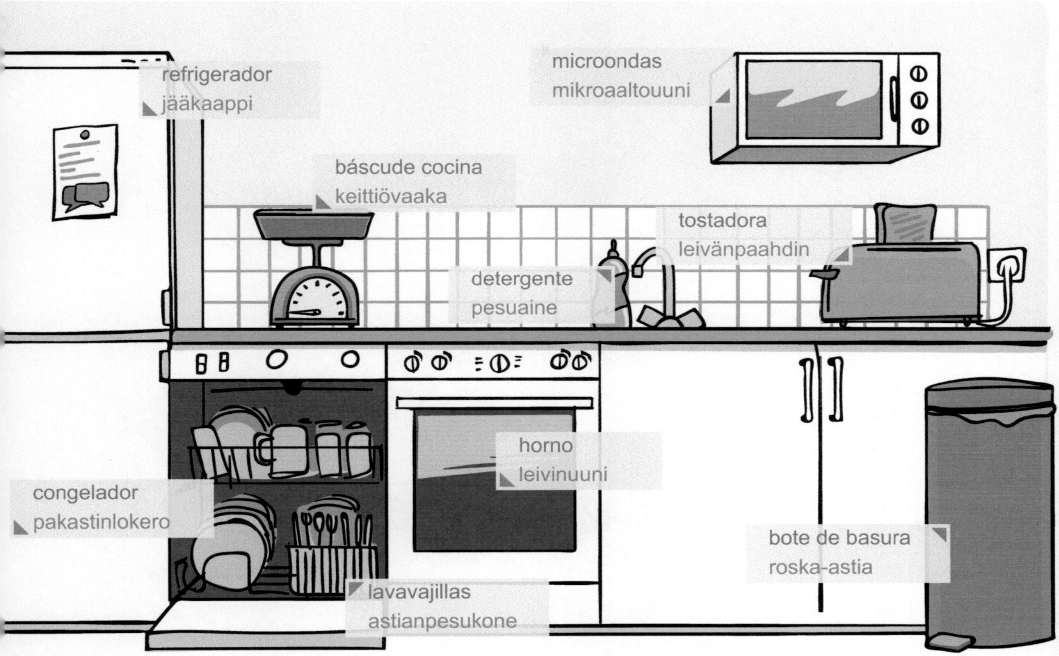

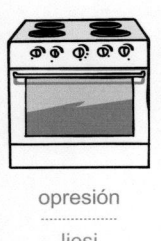

opresión

liesi

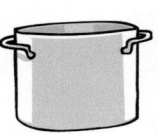

olla

kattila

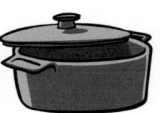

olde hierro fundido

rautapata

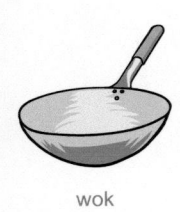

wok

vokkipannu / kadai-pannu

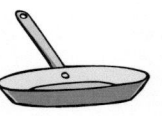

sartén

paistinpannu

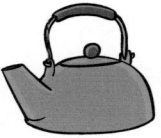

hervidor

teepannu

vaporera

höyrykeitin

charode horno

uunipelti

loza

astiat

taza

muki

bol

kulho

palillos

syömäpuikot

cucharón

kauha

espátula

paistinlasta

batidora

vispilä

colador

siivilä

colador

siivilä

rallador

raastin

mortero

mortteli

barbacoa

grilli

fogata

avotuli

tabpara picar

leikkuulauta

rodillo para amasar

kaulin

sacacorchos

korkinavaaja

lata

purkki

abrelatas

purkinavaaja

guante de cocina

pannulappu

fregadero

lavuaari

cepillo

tiskiharja

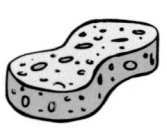

esponja

pesusieni

batidora

tehosekoitin

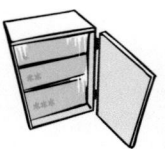

congelador

pakastin

biberón

tuttipullo

llave

vesihana

baño
kylpyhuone

calefacción
lämmitys
ducha
suihku
toalla
pyyhe
cortina de ducha
suihkuverho
baño de espuma
vaahtokylpy
tina
kylpyamme
vaso
lasi
lavadora
pesukone
llave
vesihana
baldosas
kaakelit
bacinica
potta
fregadero
lavuaari

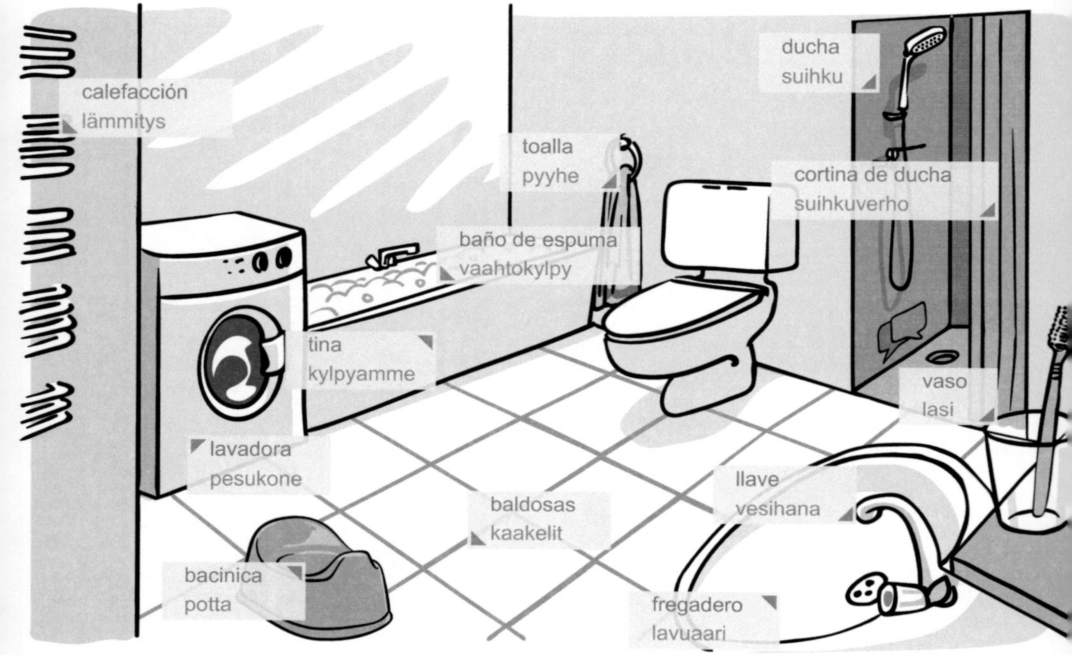

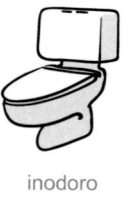

inodoro

vessa

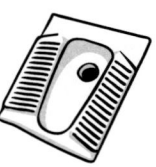

letrina

kyykkyvessa

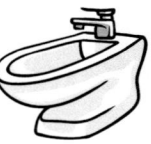

bidé

bidee

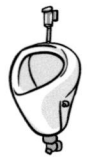

mingitorio

pisuaari

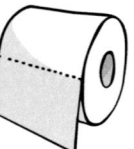

paphigiénico

vessapaperi

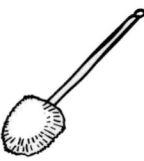

cepillo para baño

vessaharja

cepillo de dientes

hammasharja

pasta dental

hammastahna

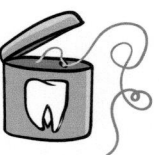

hilo dental

hammaslanka

lavar

pestä

ducha de mano

käsisuihku

ducha vaginal

intiimisuihku

fregadero

pesuvati

cepillo de espalda

selkäharja

jabón

saippua

gde ducha

suihkugeeli

champú

shampoo

toallita

pesulappu

drenaje

viemäri

crema

voide

desodorante

deodorantti

espejo

peili

espejo de tocador

käsipeili

máquina para afeitar

partaveitsi

espuma de afeitar

partavaahto

loción para después de afeitar

partavesi

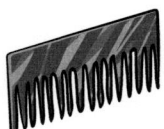

peine

kampa

cepillo

harja

secadora

hiustenkuivaaja

laca

hiuslakka

maquillaje

meikki

lápiz labial

huulipuna

esmalte para uñas

kynsilakka

algodón

pumpuli

tijeras para uñas

kynsisakset

perfume

hajuvesi

estuche para cosméticos

kosmetiikkalaukku

taburete

jakkara

báscula

vaaka

bata

kylpytakki

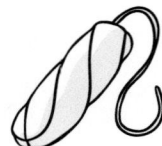

guantes de goma

kumihansikkaat

tampón

tamponi

toalsanitaria

terveysside

baño móvil

kemiallinen wc

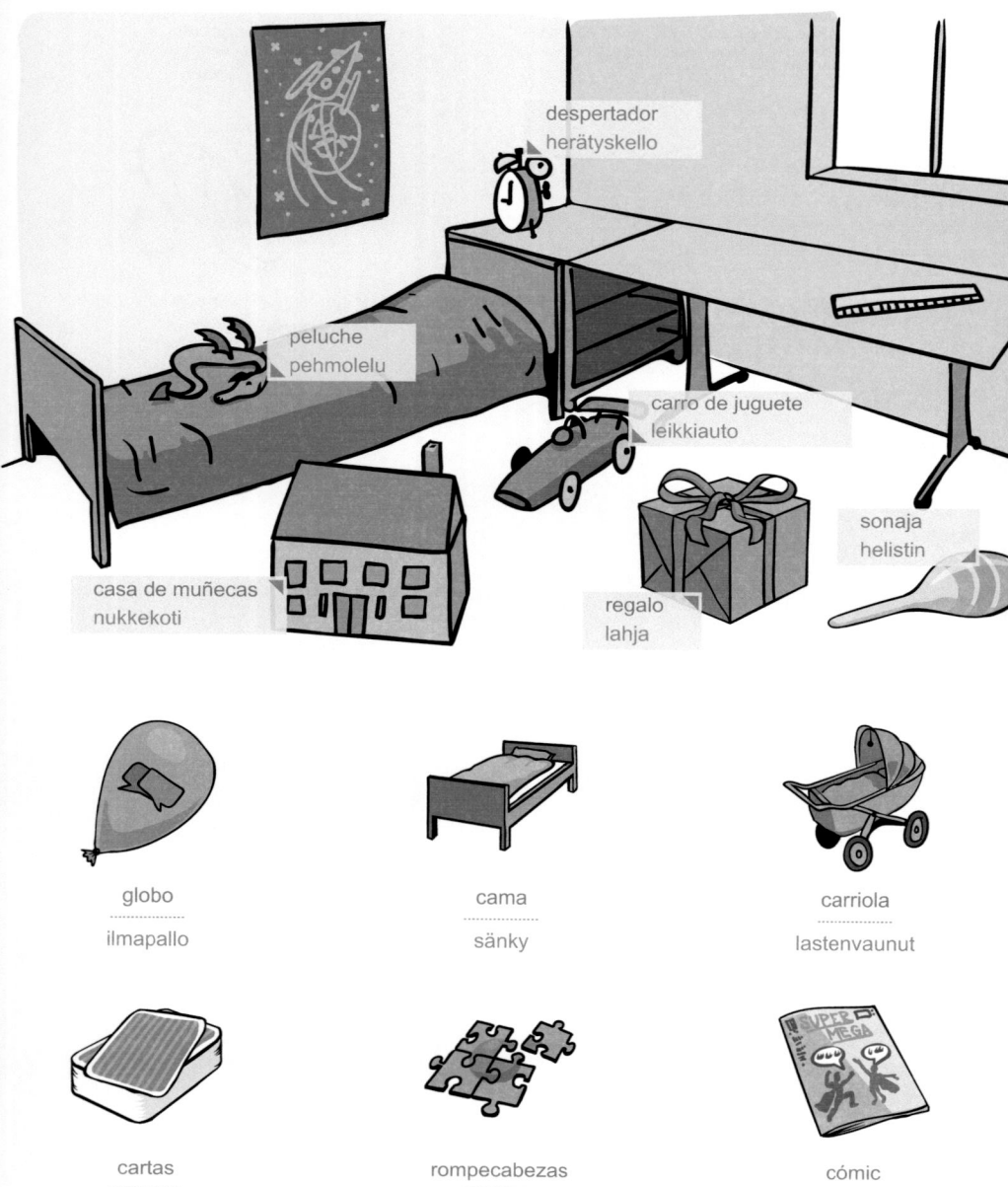

despertador
herätyskello

peluche
pehmolelu

carro de juguete
leikkiauto

casa de muñecas
nukkekoti

sonaja
helistin

regalo
lahja

globo
ilmapallo

cama
sänky

carriola
lastenvaunut

cartas
korttipeli

rompecabezas
palapeli

cómic
sarjakuva

piezas de lego

legopalikat

bloques para jugar

rakennuspalikat

figura de acción

supersankari

mameluco

potkupuku

frisbee

frisbee

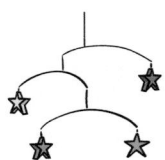

móvil para bebés

mobile

juego de mesa

lautapeli

dados

noppa

tren eléctrico

pienoisjunarata

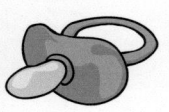

maniquí

tutti

fiesta

juhlat

álbum de fotos

kuvakirja

balón

pallo

muñeca

nukke

jugar

leikkiä

arenero

hiekkalaatikko

columpio

keinu

juguetes

lelut

consode videojuegos

pelikonsoli

triciclo

kolmipyörä

oso de peluche

nalle

clóset

vaatekaappi

ropa

vaatteet

calcetines

sukat

pantimedias

nylonsukat

mallas

sukkahousut

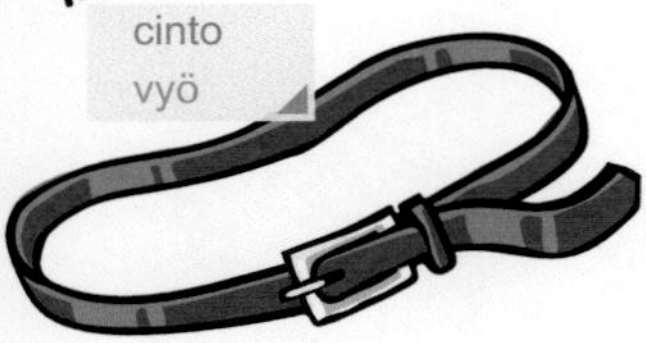

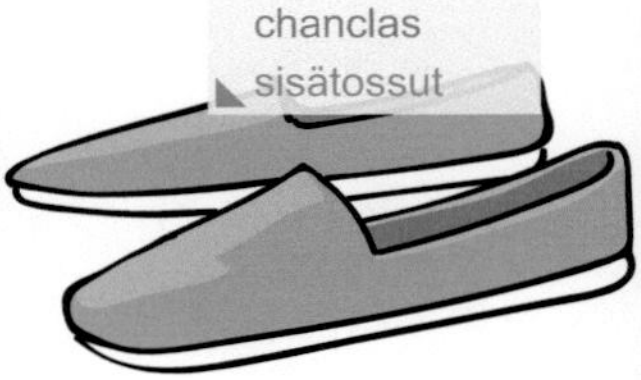

bufanda
kaulaliina

paraguas
sateenvarjo

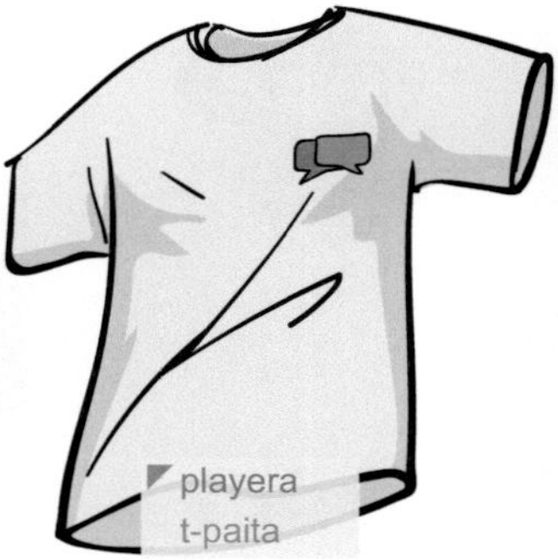

cinto
vyö

playera
t-paita

botas
saappaat

chanclas
sisätossut

tenis
lenkkarit

sandalias
....
sandaalit

zapatos
....
kengät

botas de goma
....
kumisaappaat

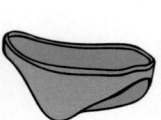

ropa interior
....
alushousut

brasier
....
rintaliivit

chaleco
....
aluspaita

body

body

pantalones

housut

pantalones de mezclilla

farkut

falda

hame

blusa

pusero

camisa

paita

suéter

villapaita

sudadera

collegepaita

saco sport

jakku

chamarra

takki

abrigo

takki

impermeable

sadetakki

traje

puku

vestido

mekko

vestido de novia

hääpuku

traje
puku

camisón
yöpaita

pijama
pyjama

sari
shari

pañuelo para cabeza
päähuivi

turbante
turbaani

burka
burka

caftán
kaftaani

abaya
abaya

traje de baño
uimapuku

short de baño
uimahousut

shorts
shortsit

pants
verkkarit

delantal
esiliina

guantes
käsineet

botón

nappi

gafas

silmälasit

brazalete

rannekoru

collar

kaulakoru

anillo

sormus

arete

korvakoru

gorra

lippalakki

gancho

ripustin

sombrero

hattu

corbata

solmio

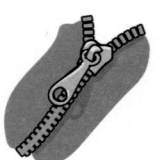

cierre

vetoketju

casco

kypärä

tirantes

henkselit

uniforme

koulupuku

uniforme

univormu

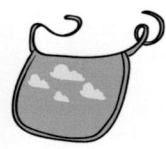

babero

ruokalappu

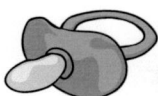

maniquí

tutti

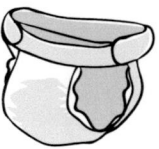

pañal

vaippa

oficina

toimisto

servidor
palvelin
archivo
asiakirjakaappi
impresora
tulostin
pap
paperi
monitor
näyttö
escritorio
kirjoituspöytä
mouse
hiiri
carpeta
kansio
teclado
näppäimistö
bote de basura
roskakori
computadora
tietokone
silla
tuoli

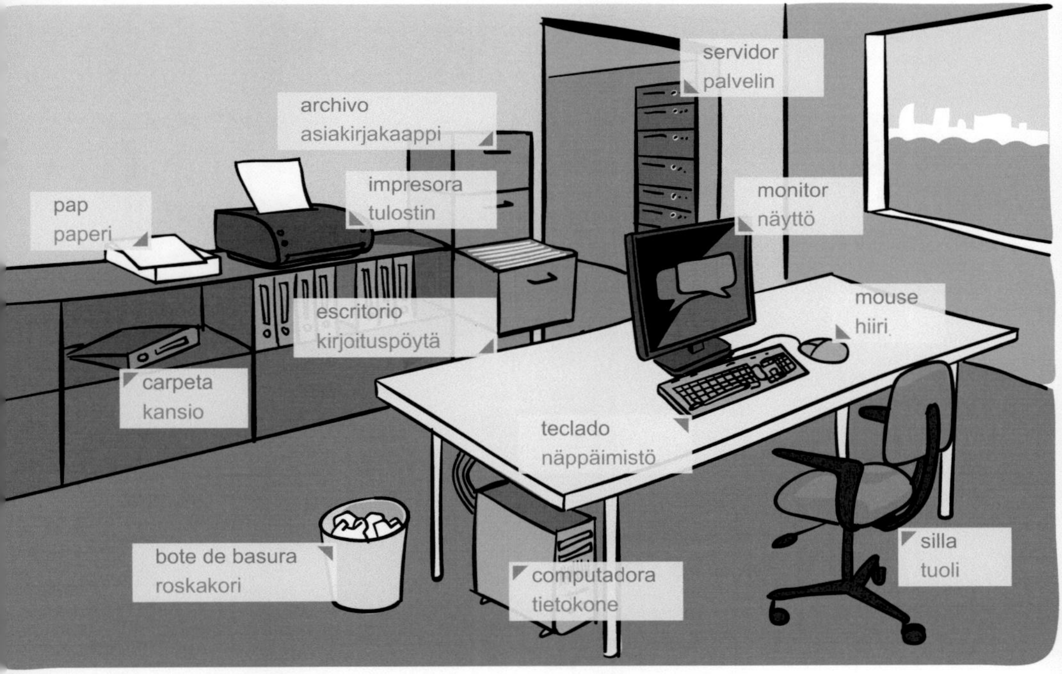

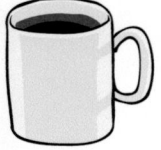

taza de café

kahvimuki

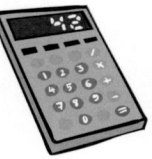

calculadora

taskulaskin

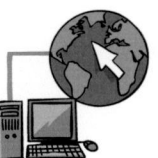

internet

internet

notebook

kannettava tietokone

carta

kirje

mensaje

viesti

móvil

kännykkä

red

verkko

fotocopiadora

kopiokone

software

ohjelmisto

teléfono

puhelin

tomacorriente

pistorasia

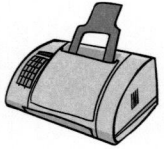

fax

faksi

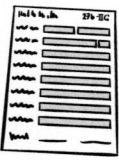

formulario

lomake

documento

asiakirja

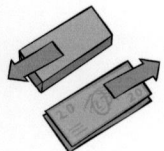

comprar

ostaa

pagar

maksaa

hacer negocios

vaihtaa

dinero

raha

dólar

dollari

euro

euro

yen

jeni

rublo

rupla

franco suizo

frangi

yuan

renminbi juan

rupia

rupia

cajero automático

pankkiautomaatti

casa de cambio

rahanvaihto

oro

kulta

plata

hopea

petróleo

öljy

energía

energia

precio

hinta

contrato

sopimus

impuesto

vero

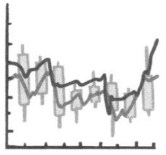

acción

osake

trabajar

työskennellä

empleado

työntekijä

empleador

työnantaja

fábrica

tehdas

tienda

liike

policía
poliisi

bombero
palomies

cocinero
kokki

médico
lääkäri

piloto
lentäjä

jardinero

puutarhuri

carpintero

puuseppä

costurera

ompelija

juez

tuomari

farmacéutico

kemisti

actor

näyttelijä

conductor de autobús

linja-autonkuljettaja

taxista

taksinkuljettaja

pescador

kalastaja

señora de limpieza

siivooja

instalador de techos

katontekijä

camarero

tarjoilija

cazador

metsästäjä

pintor

maalari

panadero

leipuri

electricista

sähköasentaja

obrero

rakentaja

ingeniero

insinööri

carnicero

teurastaja

plomero

putkiasentaja

cartero

postinjakaja

soldado
sotilas

arquitecto
arkkitehti

cajero
kassanhoitaja

florista
floristi

peluquero
kampaaja

cobrador
konduktööri

mecánico
mekaanikko

capitán
kapteeni

dentista
hammaslääkäri

científico
tiedemies

rabino
rabbi

imán
imaami

monje
munkki

sacerdote
pappi

herramientas
työkalut

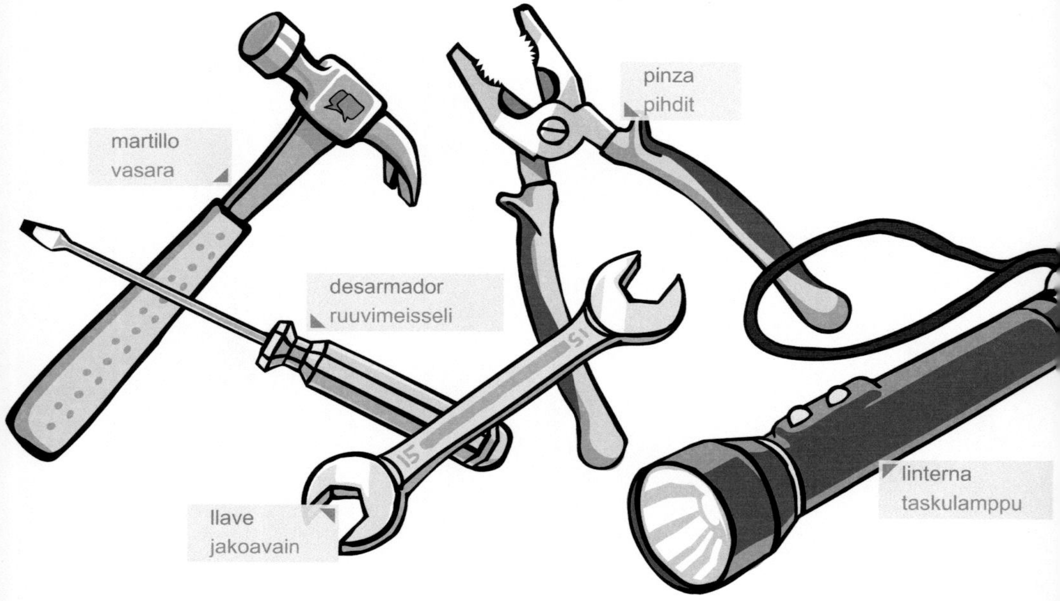
martillo
vasara
pinza
pihdit
desarmador
ruuvimeisseli
llave
jakoavain
linterna
taskulamppu

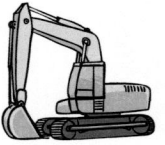

excavadora

kaivinkone

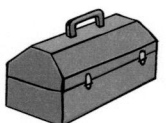

caja de herramientas

työkalupakki

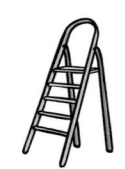

escalera de mano

tikkaat

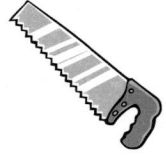

sierra

saha

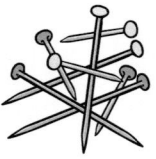

clavos

naulat

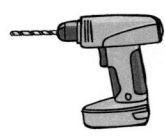

taladro

pora

reparar
korjata

pala
lapio

¡Maldición!
Hitto!

recogedor
rikkalapio

bote de pintura
maalipurkki

tornillos
ruuvit

instrumentos musicales
soittimet

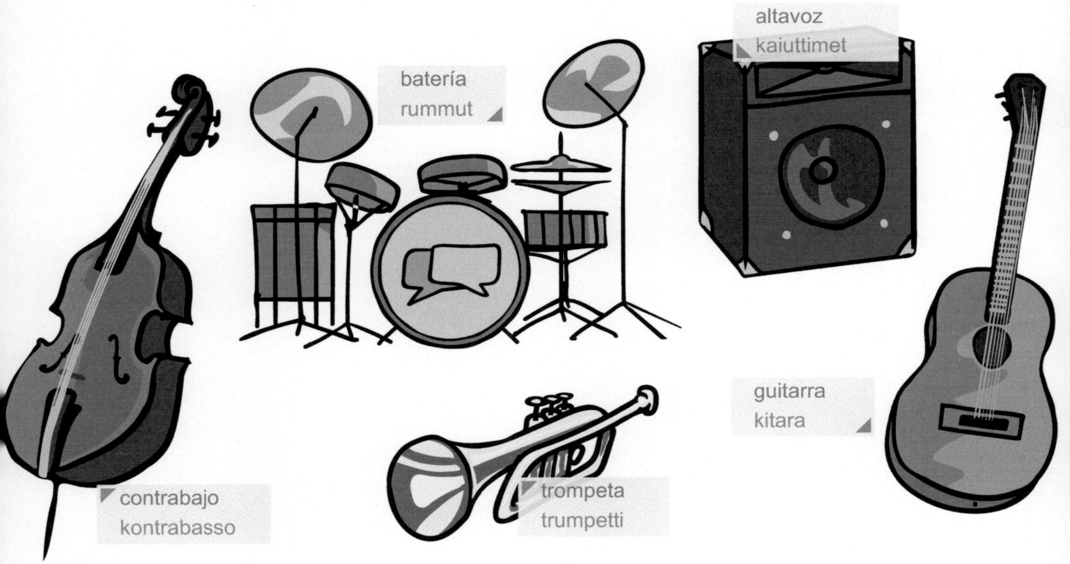

altavoz
kaiuttimet

batería
rummut

guitarra
kitara

contrabajo
kontrabasso

trompeta
trumpetti

piano

piano

violín

viulu

bajo

basso

timbales

patarummut

tambor

rumpu

teclado

kosketinsoitin

saxofón

saksofoni

flauta

huilu

micrófono

mikrofoni

entrada
sisäänkäynti

tigre
tiikeri

jaula
häkki

cebra
seepra

alimento para animales
eläinten ruoka

oso panda
panda

animales

eläimet

elefante

norsu

canguro

kenguru

rinoceronte

sarvikuono

gorila

gorilla

oso

karhu

camello

kameli

avestruz

strutsi

león

leijona

mono

apina

flamenco

flamingo

loro

papukaija

oso polar

jääkarhu

pingüino

pingviini

tiburón

hai

pavo real

riikinkukko

serpiente

käärme

cocodrilo

krokotiili

guardián de zoológico

eläintarhanhoitaja

foca

hylje

jaguar

jaguaari

poni
poni

leopardo
leopardi

hipopótamo
virtahepo

jirafa
kirahvi

águila
kotka

jabalí
villisika

pescado
kala

tortuga
kilpikonna

morsa
mursu

zorro
kettu

gacela
gaselli

fútbol americano
amerikkalainen jalkapallo

ciclismo
pyöräily

tenis
tennis

baloncesto
koripallo

natación
uinti

boxeo
nyrkkeily

hockey sobre hielo
jääkiekko

fútbol

jalkapallo

bádminton

sulkapallo

atletismo

yleisurheilu

handball

käsipallo

esquí

hiihto

polo

poolo

actividades
aktiviteetit

saltar
hypätä
abrazar
halata
reír
nauraa
caminar
kävellä
cantar
laulaa
soñar
unelmoida
rezar
rukoilla
besar
suudella

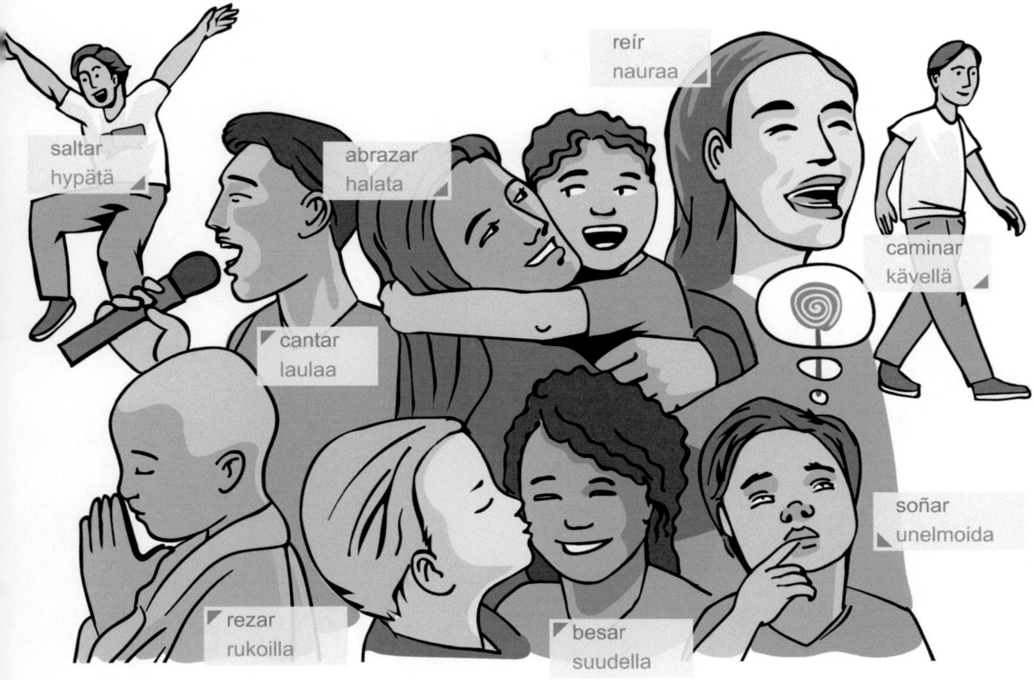

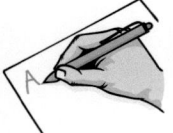

escribir

kirjoittaa

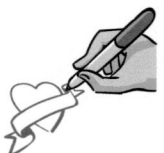

dibujar

piirtää

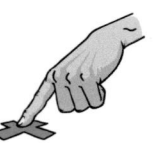

mostrar

näyttää

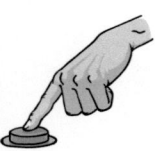

empujar

painaa

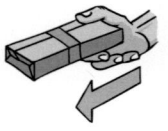

dar

antaa

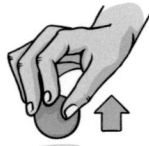

tomar

ottaa

tener

omistaa

hacer

tehdä

ser

olla

estar parado

seisoa

correr

juosta

jalar

vetää

arrojar

heittää

caer

kaatua

estar acostado

maata

esperar

odottaa

llevar

kantaa

estar sentado

istua

vestirse

pukeutua

dormir

nukkua

despertar

herätä

mirar

katsoa

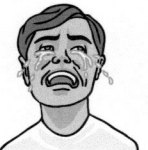

llorar

itkeä

acariciar

silittää

peinar

kammata

hablar

puhua

entender

ymmärtää

preguntar

kysyä

escuchar

kuunnella

beber

juoda

comer

syödä

ordenar

siivota

amar

rakastaa

cocinar

keittää

conducir

ajaa

volar

lentää

navegar

purjehtia

calcular

laskea

leer

lukea

aprender

oppia

trabajar

työskennellä

casarse

mennä naimisiin

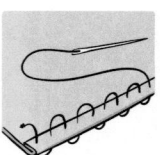

coser

ommella

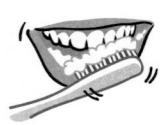

cepillarse los dientes

pestä hampaat

matar

tappaa

fumar

tupakoida

enviar

lähettää

abuela
mummo

abuelo
ukki

padre
isä

madre
äiti

bebé
vauva

hija
tytär

hijo
poika

invitado

vieras

tía

täti

tío

setä

hermano

veli

hermana

sisko

familia - perhe

cuerpo
vartalo

frente
otsa
ojo
silmä
hombro
olkapää
dedo
sormet
cara
kasvot
barbilla
leuka
mano
käsi
pecho
rinta
pierna
jalka
brazo
käsivarsi

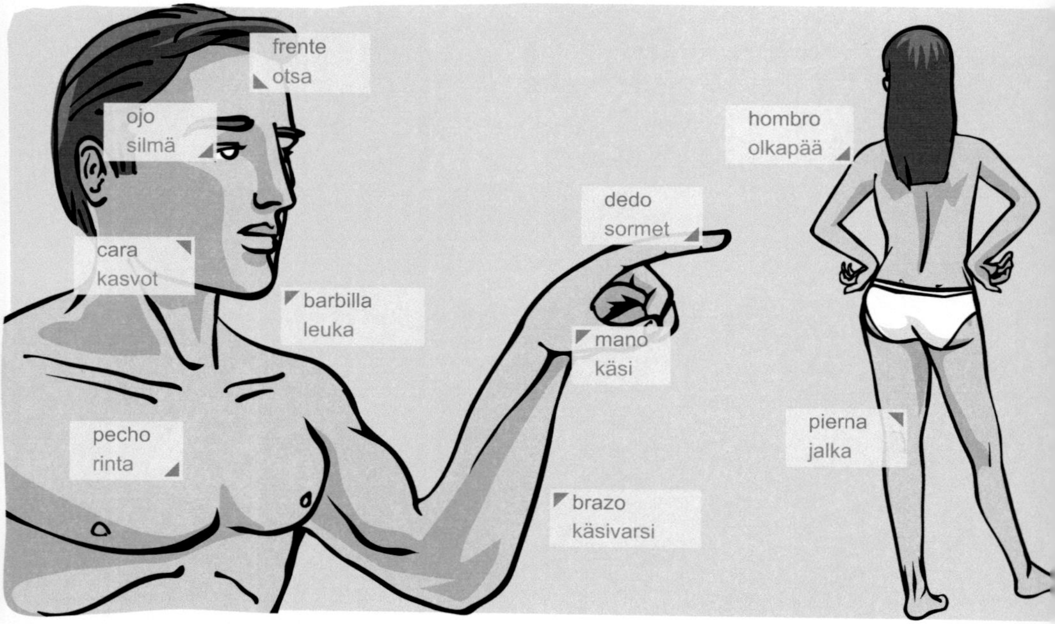

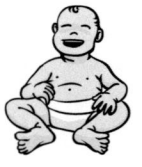

bebé
vauva

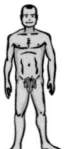

hombre
mies

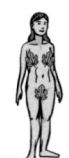

mujer
nainen

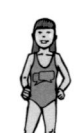

niña
tyttö

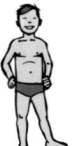

niño
poika

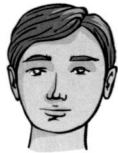

cabeza
pää

espalda

selkä

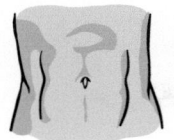

barriga

maha

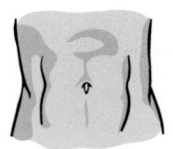

ombligo

napa

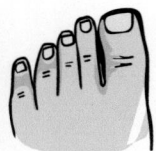

dedo dpie

varvas

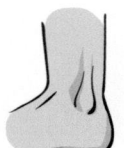

talón

kantapää

hueso

luu

cadera

lantio

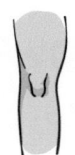

rodilla

polvi

codo

kyynärpää

nariz

nenä

pompis

takapuoli

piel

iho

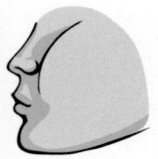

mejilla

poski

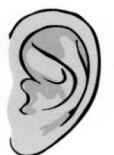

oído

korva

labio

huuli

boca

suu

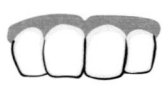

diente

hammas

lengua

kieli

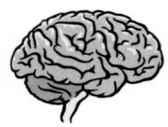

cerebro

aivot

corazón

sydän

músculo

lihas

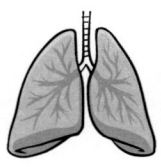

pulmón

keuhkot

hígado

maksa

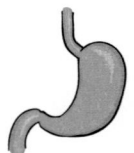

estómago

vatsa

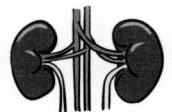

riñones

munuaiset

sexo

seksi

condón

kondomi

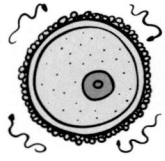

óvulo

munasolu

semen

sperma

embarazo

raskaus

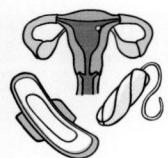

menstruación

kuukautiset

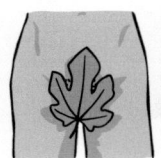

vagina

vagina

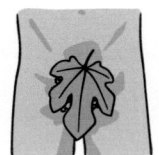

pene

penis

ceja

kulmakarvat

cabello

hiukset

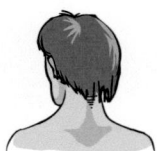

cuello

niska

hospital
sairaala

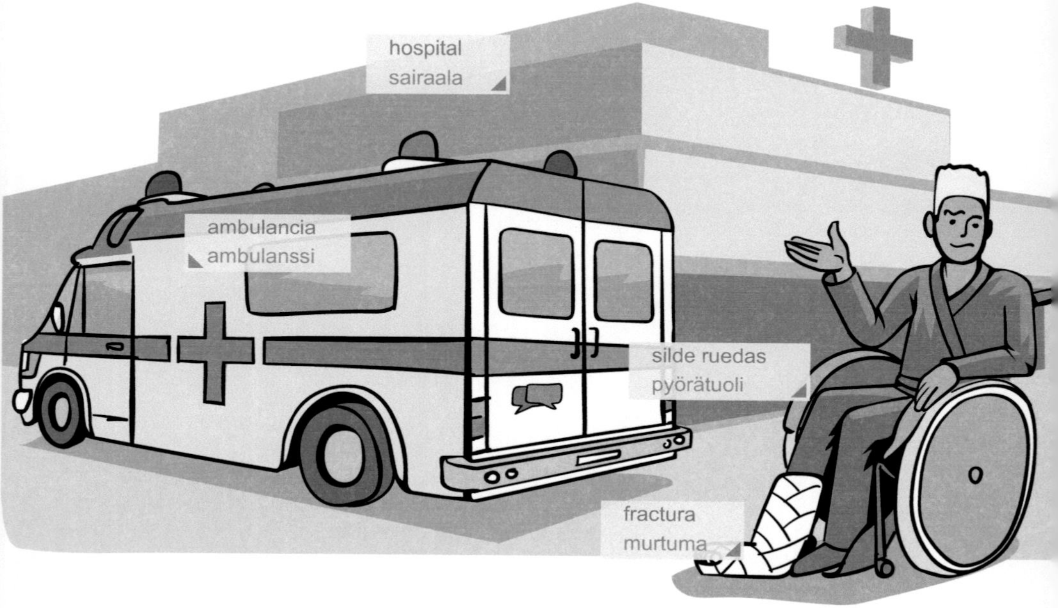

hospital
sairaala
ambulancia
ambulanssi
silde ruedas
pyörätuoli
fractura
murtuma

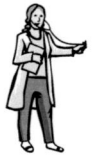

médico

lääkäri

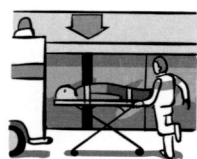

sade emergencias

ensiapu

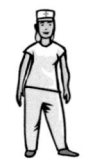

enfermera

sairaanhoitaja

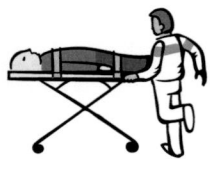

emergencia

hätätilanne

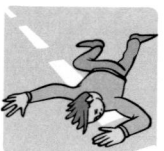

inconsciente

tajuton

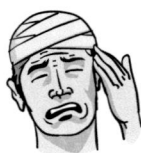

dolor

kipu

lesión

vamma

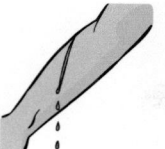

hemorragia

verenvuoto

infarto

sydänkohtaus

accidente cerebrovascular

aivoinfarkti

alergia

allergia

tos

yskä

fiebre

kuume

gripa

flunssa

diarrea

ripuli

dolor de cabeza

päänsärky

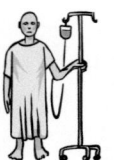

cáncer

syöpä

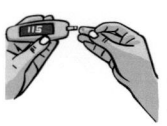

diabetes

diabetes

cirujano

kirurgi

bisturí

veitsi

operación

leikkaus

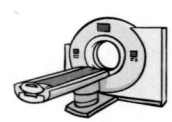

TC

ct

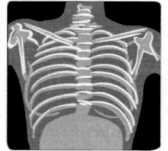

rayos x

röntgen

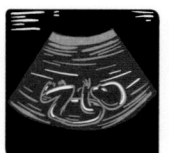

ultrasonido

ultraääni

mascarilla

maski

enfermedad

sairaus

sade espera

odotushuone

muleta

sauva

vendita

laastari

vendaje

side

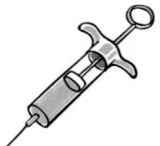

inyección

pistos

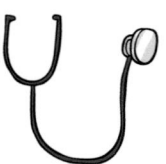

estetoscopio

stetoskooppi

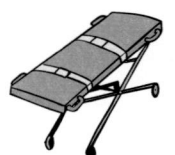

camilla

paarit

termómetro

kuumemittari

nacimiento

syntymä

sobrepeso

ylipaino

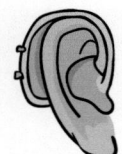

audífono

kuulolaite

desinfectante

desinfiointiaine

infección

infektio

virus

virus

VIH / SIDA

HIV / AIDS

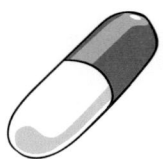

medicina

lääke

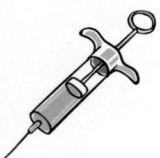

vacunación

rokotus

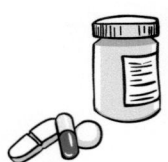

tabletas

tabletit

pastilanticonceptiva

pilleri

llamada de emergencia

hätäpuhelu

medidor de presión

verenpainemittari

enfermo / sano

sairas / terve

¡Socorro!

Apua!

alarma

hälytys

agresión

ryöstö

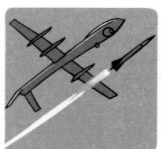

ataque

hyökkäys

peligro

vaara

salida de emergencia

hätäuloskäynti

¡Fuego!

Tulipalo!

extintor de incendios

palosammutin

accidente

onnettomuus

botiquín de primeros
auxilios

ensiapulaukku

SOS

SOS

policía

poliisilaitos

Europa

Eurooppa

Norteamérica

Pohjois-Amerikka

Sudamérica

Etelä-Amerikka

África

Afrikka

Asia

Aasia

Australia

Australia

Atlántico

Atlantin valtameri

Pacífico

Tyynimeri

Océano Índico

Intian valtameri

Océano Antártico

Eteläinen jäämeri

Océano Ártico

Pohjoinen jäämeri

polo norte

pohjoisnapa

polo sur

etelänapa

Antártida

Antarktis

tierra

maa

tierra

maa

mar

meri

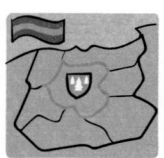

isla

saari

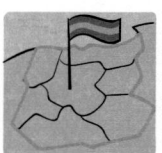

nación

kansa

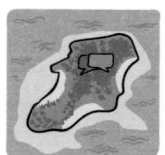

estado

osavaltio

esfera

kellotaulu

manecilde las horas

tuntiviisari

minutero

minuuttiviisari

segundero

sekuntiviisari

¿Qué hora es?

Paljonko kello on?

día

päivä

hora

aika

ahora

nyt

reloj digital

digitaalikello

minuto

minuutti

hora

tunti

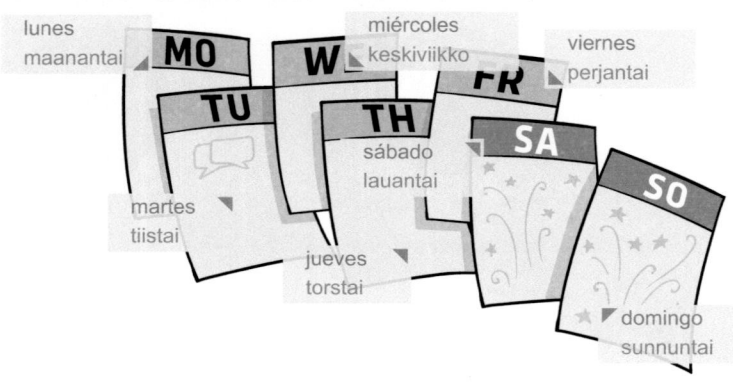

lunes
maanantai

MO

W

miércoles
keskiviikko

FR

viernes
perjantai

TU

TH

SA

SO

martes
tiistai

sábado
lauantai

jueves
torstai

domingo
sunnuntai

ayer

eilen

hoy

tänään

mañana

huomenna

mañana

aamu

mediodía

keskipäivä

tarde

ilta

MO	TU	WE	TH	FR	SA	SU
1	2	3	4	5	6	7
8	9	10	11	12	13	14
15	16	17	18	19	20	21
22	23	24	25	26	27	28
29	30	31	1	2	3	4

días laborables

työpäivät

MO	TU	WE	TH	FR	SA	SU
1	2	3	4	5	6	7
8	9	10	11	12	13	14
15	16	17	18	19	20	21
22	23	24	25	26	27	28
29	30	31	1	2	3	4

fin de semana

viikonloppu

lluvia
sade

arco iris
sateenkaari

nieve
lumi

viento
tuuli

primavera
kevät

otoño
syksy

verano
kesä

invierno
talvi

4.APRIL	11°	☀
5.APRIL	4°	🌧
6.APRIL	13°	🌦
7.APRIL	8°	☀
8.APRIL	10°	☀

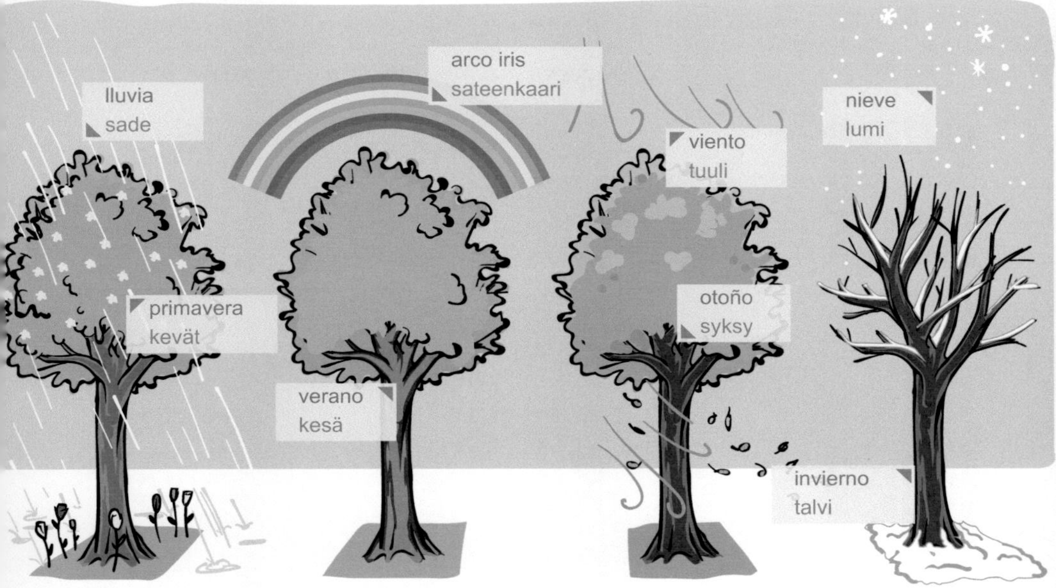

pronóstico dtiempo
....
sääennuste

termómetro
....
lämpömittari

sol
....
auringonpaiste

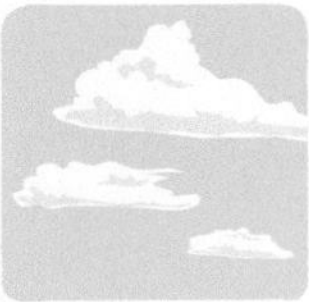

nube
....
pilvi

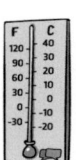

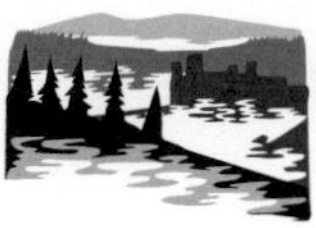

niebla
....
sumu

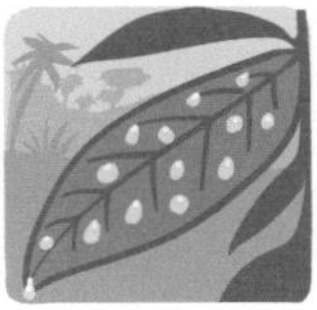

humedad
....
ilmankosteus

rayo

salama

trueno

ukkonen

tormenta

myrsky

granizo

rae

monzón

monsuuni

inundación

tulva

hielo

jää

enero

tammikuu

febrero

helmikuu

marzo

maaliskuu

abril

huhtikuu

mayo

toukokuu

junio

kesäkuu

julio

heinäkuu

agosto

elokuu

septiembre

syyskuu

octubre

lokakuu

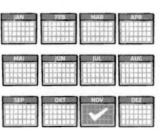

noviembre

marraskuu

diciembre

joulukuu

formas
muodot

círculo

ympyrä

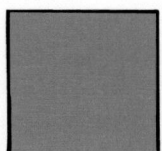

cuadrado

neliö

rectángulo

suorakulmio

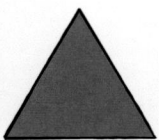

triángulo

kolmio

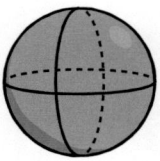

esfera

pallo

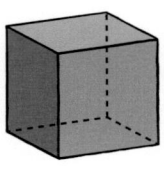

cubo

kuutio

blanco

valkoinen

amarillo

keltainen

naranja

oranssi

rosa

vaaleanpunainen

rojo

punainen

morado

violetti

azul

sininen

verde

vihreä

marrón

ruskea

gris

harmaa

negro

musta

mucho / poco

paljon / vähän

enojado / tranquilo

vihainen / ystävällinen

bonito / feo

kaunis / ruma

principio / fin

alku / loppu

grande / pequeño

suuri / pieni

claro / oscuro

vaalea / tumma

hermano / hermana

veli / sisko

limpio / sucio

puhdas / likainen

completo / incompleto

täydellinen / epätäydellinen

día / noche

päivä / yö

muerto / vivo

kuollut / elävä

ancho / angosto

leveä / kapea

comestible / no comestible

syötävä / syömäkelvoton

malo / amable

paha / kiltti

entusiasmado / aburrido

innostunut / tylsistynyt

gordo / delgado

lihava / laiha

primero / último

ensimmäinen / viimeinen

amigo / enemigo

ystävä / vihollinen

lleno / vacío

täysi / tyhjä

duro / blando

kova / pehmeä

pesado / ligero

painava / kevyt

hambre / sed

nälkä / jano

enfermo / sano

sairas / terve

ilegal / legal

laiton / laillinen

inteligente / tonto

älykäs / tyhmä

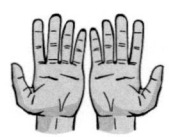

izquierda / derecha

vasen / oikea

cerca / lejos

lähellä / kaukana

nuevo / usado

uusi / käytetty

nada / algo

ei mitään / jotain

viejo / joven

vanha / nuori

encendido / apagado

päällä / pois päältä

abierto / cerrado

auki / kiinni

silencioso / ruidoso

hiljainen / äänekäs

rico / pobre

rikas / köyhä

correcto / incorrecto

oikein / väärin

áspero / suave

karhea / sileä

triste / contento

surullinen / iloinen

corto / largo

lyhyt / pitkä

lento / rápido

hidas / nopea

húmedo / seco

märkä / kuiva

caliente / frío

lämmin / viileä

guerra / paz

sota / rauha

0

cero

nolla

1

uno

yksi

2

dos

kaksi

3

tres

kolme

4

cuatro

neljä

5

cinco

viisi

6

seis

kuusi

7

siete

seitsemän

8

ocho

kahdeksan

9

nueve

yhdeksän

10

diez

kymmenen

11

once

yksitoista

12

doce

kaksitoista

13

trece

kolmetoista

14

catorce

neljätoista

15

quince

viisitoista

16

dieciséis

kuusitoista

17

diecisiete

seitsemäntoista

18

dieciocho

kahdeksantoista

19

diecinueve

yhdeksäntoista

20

veinte

kaksikymmentä

100

cien

sata

1.000

mil

tuhat

1.000.000

millón

miljoona

números - numerot

inglés

englanti

inglés americano

amerikanenglanti

chino mandarín

mandariinikiina

hindi

hindi

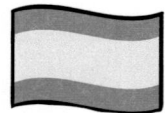

español

espanja

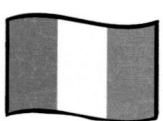

francés

ranska

árabe

arabia

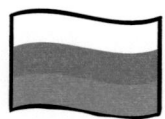

ruso

venäjä

portugués

portugali

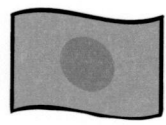

bengalí

bengali

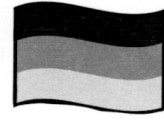

alemán

saksa

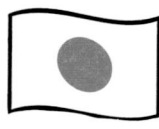

japonés

japani

yo

minä

tú

sinä

él / ella

hän

nosotros

me

vosotros

te

ellos

he

¿quién?

kuka?

¿qué?

mitä / mikä?

¿cómo?

miten?

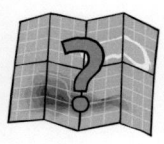

¿dónde?

missä?

¿cuándo?

milloin?

nombre

nimi

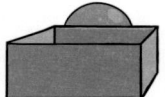

detrás

takana

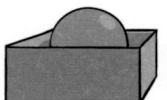

en

sisällä

delante de

edessä

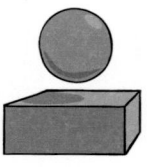

por encima de

yläpuolella

sobre

päällä

debajo de

alapuolella

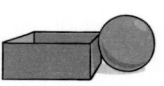

junto a

vieressä

entre

välissä

lugar

paikka